AF330660

HORACE BERTIN

HISTOIRE

D'UN

GARDE CIVIQUE

PARIS

LIBRAIRIE DES BIBLIOPHILES

Rue Saint-Honoré, 338

M DCCC LXXIV

HISTOIRE

D'un

GARDE CIVIQUE

*Cet ouvrage n'a été tiré qu'à 3oo exemplaires
numérotés et paraphés par l'auteur.*

OUVRAGES DU MÊME AUTEUR

Le Mariage a Marseille (brochure in-12, 4ᵉ édition).

Marseille inconnu, 1 vol. in-32 (épuisé).

Histoire anecdotique des cafés de Marseille, 1 vol.

Le Cochon de Mᵐᵉ Chasteuil (Nouvelles), 1 vol.
Chez Jouaust, Paris, 2ᵉ édition.

Les Petits Coins de Marseille, 1 vol. (2ᵉ édition).

En préparation

Marseille en zigzag.

HORACE BERTIN

HISTOIRE

D'UN

GARDE CIVIQUE

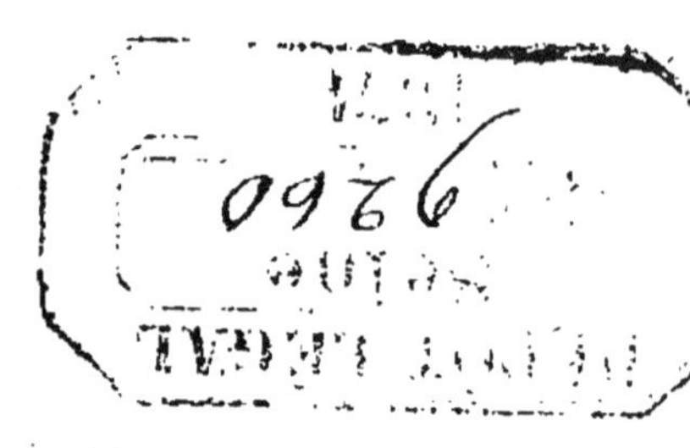

PARIS

LIBRAIRIE DES BIBLIOPHILES

Rue Saint-Honoré, 338

M DCCC LXXIV

A MADAME DE S***

Vous aviez réuni un soir, dans votre salon de la rue Saint-Jacques, des musiciens, des artistes, des poëtes. On me pria de dire quelque chose. Je lus bravement cette petite Étude locale que je venais de terminer. On convint, en effet, qu'en France, et surtout sous notre ciel du Midi, les révolutionnaires comme Jules Rouault, c'est-à-dire les révolutionnaires de l'école pittoresque, les dilettanti de l'émeute, les révoltés mêlés de rapin et de comédien, sont plus nombreux qu'on ne pense. Et vous, Madame, après la lecture de ces quelques pages, vous me demandâtes si je ne les publierais pas un jour.

« Ce n'est qu'une fantaisie, il est vrai, me

dites-vous, un récit sans prétention, mais qui contient pourtant une dose de vérité et qui n'est pas sans avoir un certain enseignement. »

Publiant aujourd'hui cette petite Étude, je ne saurais mieux faire, Madame, que de la placer sous votre patronage, qui est celui d'une Marseillaise d'esprit et de jugement.

H. BERTIN.

Marseille, 28 octobre 1874.

HISTOIRE

D'UN

GARDE CIVIQUE

I

On se réunissait, le soir, au *Café de la Renaissance*, un petit café de la rue Molière. C'était une salle enfumée, au plafond bas et sali par les mouches. Une vieille tapisserie, sur laquelle les habitués avaient laissé l'empreinte de leurs têtes, courait le long des murs. Au fond du café, près du laboratoire, un petit comptoir encombré de flacons d'eau-de-vie , de morceaux de sucre ramassés dans la sciure et de quelques méchants jeux de cartes, dominait une vingtaine de tables où traînaient les derniers numéros du *Réveil* et de la *Marseillaise.*

C'était dans les dernières années de l'Empire.

Tous les soirs venait là un groupe d'anciens lutteurs de 51 et de néo-révolutionnaires.

On s'entretenait avec fièvre des réunions de Montebello , des discours enflammés de Le Balleur-Villiers, de Gambetta, de Rochefort et de tous les hommes qui, par leurs écrits ou leur parole, préparaient la chute du gouvernement.

Parfois l'un d'eux s'approchait doucement des vitres du café, écartait les rideaux et jetait un regard scrutateur dans la rue.

Cette précaution prise, on faisait cercle autour d'une table et, mystérieusement, à voix basse, on lisait une lettre de Delescluze, arrivée de Paris.

L'ancien déporté de Cayenne y marquait ses espérances et souvent même laissait entrevoir la possibilité d'une prise d'armes.

Pendant cette lecture, les têtes s'illuminaient, les regards devenaient sombres, farouches, et les mains semblaient s'approcher des patères pour décrocher des fusils invisibles.

La fièvre était longue à s'apaiser, et lorsque minuit arrivait et que la police rôdait dans le quartier, c'était à regret que l'on abandonnait cette atmosphère âcre et irritante, ces conversations passionnées, ces bouts de dialogue brûlants et tous ces rêves qui flottaient encore autour des tables.

Un dimanche soir, une des barbes grises de ce groupe d'irréconciliables entra dans le café, suivi d'un jeune homme en paletot et en chapeau noir.

Ce costume, bien que légèrement fripé et témoignant de longues années de service, excita aussitôt les méfiances de la galerie.

« Rassurez-vous, dit l'habitué qui venait d'arriver, je vous présente le citoyen Jules Rouault, le représentant du jeune parti révolutionnaire, un des fidèles du jardin de Le Balleur, le citoyen qui, au dernier banquet donné chez le *père Laurent,* s'est prononcé carrément pour la résistance, un admirateur enfin de Rochefort. »

A ce moment, dans le coin du café, on vit se lever lentement celui qu'on appelait *le Lyonnais,*

un ouvrier charpentier, trapu, au cou de tau-
reau, la face écarlate et les poings toujours
crispés. Il jeta aux échos du petit café le cri de
vive Rochefort ! et se rassit aussitôt silencieuse-
ment dans son coin.

Jules Rouault avait la mine ouverte, franche,
loyale, d'une douceur infinie. Mais la vivacité
extraordinaire de son regard et je ne sais quelle
brusquerie dans son allure, répandue dans toute
sa personne, trahissaient un tempérament exalté,
une nature fougueuse et hardie.

Il était maître d'études dans un petit pensionnat de la ville où il traînait depuis de longs
mois une existence ignorée et monotone.

On le vit, pour la première fois, dans un banquet donné en l'honneur du 24 Février chez le
père Laurent.

Dans ce petit restaurant du boulevard Baille,
caché là-bas entre un jeu de boules et un chan-
tier de scieurs de long, il arriva ce soir-là,
accompagné d'une fleuriste qu'il avait rencon-
trée un dimanche dans une fête de banlieue, et
dont il avait fait sa maîtresse.

Il porta des toasts enflammés, tutoya les ouvriers, parla de la Convention, de Chaumette,

d'Hébert, de Ronsin, de 48, de Blanqui, de Ledru, de là Révolution sociale, fit crier *vive la République* à Mlle Honorine, — c'était le nom de ses amours, — laissa éclater ses colères de jeune mécontent, déborder ses sentiments si longtemps contenus, et conquit ainsi de prime-saut la confiance des prolétaires qui se trouvaient là.

« C'est un homme d'action, » murmura un convive dont les cheveux avaient grisonné dans les ergastules de Lambessa.

Le maître d'études eut la fièvre en rentrant chez lui. Dans le silence de sa chambre, il se reprit, cette nuit, à évoquer les sombres figures de 93, à relire les historiens des séditions populaires, des mouvements insurrectionnels.

Dans l'histoire de ces époques, en effet, c'é-taient surtout la barricade, le visage noir de poudre et la chemise sale de l'insurgé, le pavé criblé de balles, le champ de bataille de la rue, qui l'attiraient et le fascinaient.

Sans ambition personnelle, — nous devons le confesser, — sans prétention, sans haine aucune, grisé seulement par la lecture des journaux extrêmes, des récits passionnés de la grande Révolution, affolé d'émotions violentes, ennemi de toute politique plate et banale, chercheur de pittoresque à outrance, sans-culotte mâtiné de dilettante, Rouault eût voulu passer son existence dans les orages et les batailles de la place publique, comme la salamandre dans le feu. La révolte éveillait en lui de véritables jouissances d'artiste, lui causait des sensations délicieuses, et comme les *bousingots* de 1830, il adorait le tapage des émeutes, en haine du poncif et du convenu.

Au café, à la brasserie, quand il parcourait les gazettes de combat, l'article de doctrines le faisait bâiller, les programmes l'irritaient. Il ne se plaisait qu'à dévorer les entrefilets séditieux, les tirades brûlantes, les appels aux armes déguisés. C'étaient là surtout les morceaux qui charmaient en lui le gourmet révolutionnaire.

Lui-même, d'ailleurs, pendant les études, délaissait volontiers sa préparation à la licence, les travaux qui devaient lui ouvrir une carrière honorable dans l'Université, pour ajouter un feuillet à son petit traité sur les *Barricades* qui, nous nous le rappelons, portait pour épigraphe la phrase suivante, empruntée à la célèbre pré-

face des *Jeune-France* : « *Qu'est-ce qu'une Révolution ? Des gens qui se tirent des coups de fusil
dans la rue.* »

Aussi, le rêve qu'il caressait depuis longtemps,
c'était de se mêler au parti d'action, de jouer
un rôle même des plus modestes, — de simple
soldat au besoin,—dans les journées qui se préparaient.

Déjà plusieurs fois il avait entendu parler du
petit café de la rue Molière comme d'un en-
droit fréquenté par un groupe d'anciens proscrits, de républicains féroces, et d'où les théori-
ciens, les prudents, les tièdes, étaient impitoyablement exclus.

Aussi n'eut-il garde, comme on le pense, de
refuser l'invitation qui lui fut faite, le soir du
banquet chez le *père Laurent*, par l'ancien déporté de Lambessa, un des piliers précisément de
l'établissement.

Rouault, après avoir reçu un accueil des plus
favorables, eut bientôt lié amitié avec les habitués et acquis le droit de mêler ses espérances,
ses impatiences aux leurs.

« Il faut en finir, s'écria le jeune maître d'é-
tudes vers la fin de la soirée, en agitant un

numéro de la *Marseillaise*... Si Rochefort voulait... »

Le Lyonnais se leva aussitôt, poussa le cri de *vive Rochefort* et se rassit ensuite tranquillement dans son coin.

« La révolution serait faite et l'empire balayé, ajouta Jules Rouault.

— Est-ce pour demain? demanda à voix basse un ouvrier maigre, coiffé d'une casquette, qui venait d'entrer.

— Sait-on où l'on peut se procurer des armes? répliqua Rouault.

— L'armée ne tirera pas..... s'écria le garçon de café, qui prenait part, en sa qualité de travailleur, aux conversations des prolétaires.

— Je file au chemin de Saint-Pierre, chez le citoyen Le Balleur,» reprit Rouault qui se leva et sortit, doucement ému, en compagnie de la barbe grise de Lambessa.

Rouault était un des fanatiques de Le Balleur-Villiers.

Sa haute stature, sa tête d'ascète révolutionnaire fièrement campée sur les épaules, son air mâle et résolu, son regard fiévreux et entraînant, sa faconde de clubiste, parlaient vivement à l'imagination de l'amant de la fleuriste. Le Balleur s'était d'ailleurs trouvé mêlé, sous la monarchie de Juillet et en 48, à toutes les prises d'armes parisiennes. Il s'était montré dans la rue, à côté de Ledru-Rollin, lors de l'affaire du Conservatoire des arts et métiers, et avait enfin acquis tout le prestige d'un vétéran de l'insurrection. Dans les derniers temps de l'Empire, il vivait modestement dans un petit jardin du chemin de Saint-Pierre. Ce petit jardin à l'herbe fripée, planté de quelques arbres malingres, était visité journellement par de nombreux ouvriers. On venait s'y retremper, écouter la parole chaude du tribun de Montebello et lire les principaux organes de la démocratie socialiste que ses amis lui adressaient de Paris et de la province.

Rouault n'était pas un des moins assidus aux réunions du petit jardin. Le chemin de Saint-Pierre lui faisait l'effet d'une route de la révolte, et, parfois en proie à une sorte d'exaltation, il lui prenait des envies folles d'appeler aux armes les menuisiers du quartier et de descendre en ville pour tenter un soulèvement.

Ainsi qu'il l'avait annoncé, Rouault se rendit,

en sortant du café, chez le citoyen Le Balleur. On ne dormit pas, cette nuit, dans le petit jardin du chemin de Saint-Pierre.

Le lendemain devait avoir lieu l'enterrement de Victor Noir. Toute cette journée se passa dans l'attente la plus fiévreuse.

Le maître d'études et la fleuriste vinrent au *café de la Renaissance,* avec des revolvers dans les poches.

« Un coup de pistolet est souvent le signal d'une révolution, disait Rouault à Mlle Honorine, pendant qu'ils rasaient les murs et qu'ils se dirigeaient vers le quartier du Grand-Théâtre.

— Tu as quelque chose de Camille Desmoulins, répliqua fièrement la fleuriste... qui se rappelait avoir parcouru dans la chambre du maître d'études une biographie du *procureur général de la Lanterne.*

— C'était un tiède, malheureuse !...Le *Vieux Cordelier* tonnait contre le club des Jacobins, tu ne devrais pas l'oublier... »

Les conversations étaient très-animées autour des tables quand ils arrivèrent.

Des ouvriers entraient de temps en temps dans le café et apportaient des nouvelles.

Mais on ne tarda pas à apprendre que Paris était tranquille et que, malgré les efforts de Flourens, le mouvement s'était traduit en une simple manifestation.

« Et dire, s'écria Jules Rouault avec un véritable désespoir, que les sectionnaires de Sainte-Cécile étaient prêts à descendre et à s'emparer de la Préfecture.

— L'armée n'aurait pas tiré..... ajouta le garçon de café, qui semblait vouloir hâter l'heure de son affranchissement.

— N'importe, continua le maître d'études, il ne faut pas se coucher... le 10 août a commencé la nuit et nous pourrions avoir besoin de sonner le tocsin. »

Le lendemain matin, l'Empire était encore debout, et Jules Rouault regagnait son pensionnat, pâle de colère, tout frémissant de rage.

II

Le 4 septembre, Jules Rouault entra un des premiers à la Préfecture.

Mlle Honorine, qui, à l'école du maître d'études, était devenue une jacobine à tous crins, ne pouvait s'empêcher de pousser des cris de joie, de sauter, de battre des mains, en parcourant les magnifiques salons du préfet, les appartements de cette somptueuse demeure. Elle se rappelait parfois ses rubans d'un sou, ses robes fanées, le mobilier mesquin de sa petite chambre, et éclatait alors en injures contre les despotes qui s'engraissent de la sueur du peuple et ont l'audace de vivre dans la soie et le velours. La fleuriste montait sur ses ergots et joignait ses imprécations à celles des exaltés qui parlaient déjà de fusiller le préfet.

Le mouton était devenu décidément enragé ; la grisette tournait à la tricoteuse.

Jules Rouault, de son côté, n'avait pas perdu son temps. Il se montra bientôt dans la ville, armé d'un vieux fusil à piston trouvé dans les caves de la Préfecture. Et tandis qu'une foule de petits avocats, de journalistes, de bureaucrates et de politiques de fraîche date s'installaient dans les fauteuils de l'administration pour représenter la République naissante, Jules Rouault se donnait le régal de voir passer la nouvelle révolution dans la rue et de se perdre, ivre de joie et d'émotion, dans les flots pressés des prolétaires, des déshérités, des mains sales et des barbes mal peignées.

.Ce peuple armé, sauvage, en délire, assommant les sergents de ville, les professeurs de casse-têtes, les policiers de l'Empire, terrorisant la réaction, donnant le frisson aux amis de l'ordre, troublant la quiétude des conservateurs et prenant déjà des précautions contre les ennemis de la République, était pour lui un peuple grand, héroïque, digne des grands jours de la Révolution. S'il l'eût osé, il eût conseillé aux travailleurs d'Endoume et de la Belle-de-Mai qui venaient défiler sous les fenêtres de la Préfecture, de s'armer de piques et de se coiffer du bonnet phrygien. Il eût voulu voir adopter le débraillé révolutionnaire si cher aux artistes de la Gironde, et n'eût peut-être pas baissé les yeux si le peuple avait promené devant lui quelques têtes d'aristocrates au bout des baïonnettes.

Jules Rouault était saisi d'un enthousiasme incroyable, et rien ne devait plus l'arrêter sur cette pente du fanatisme et de l'exagération.

Il s'amusa beaucoup, dans la soirée, des angoisses du parfumeur de son quartier, sorte de

César Birotteau timide et soupçonneux, dans la
boutique duquel il avait depuis longtemps l'habitude de venir causer politique. Il prit plaisir
à jeter ce Philistin, ce bourgeois épais, dans des
transes mortelles.

« Vous pouvez, lui dit-il en passant, vous
hâter de fermer vos portes... il y aura, je crois,
du tapage dans la rue. »

Il rentra chez lui, content d'avoir lancé ce
pétard dans les jambes du boutiquier.

Rouault refusa d'être nommé sous-préfet et
préféra s'enrôler dans la secte des enragés qui
avaient pris possession de la Préfecture pour la
défendre « contre les tentatives criminelles de
la réaction ».

Il fit partie de la première compagnie des
gardes civiques, commandée par le capitaine
Pillard, et dans laquelle se retrouvaient en
grande partie les anciens habitués du petit café
de la rue Molière.

Nous le rencontrâmes, quelques jours après
le 4 septembre, dans un costume des plus roman-
tiques, perdu sous un chapeau de Fra Diavolo,
habillé d'un large gilet cerise, une ceinture
rouge autour des reins et un fusil en bandou-

lière. Il se dirigeait gravement vers la rue du Tapis-Vert, où il allait rejoindre un détachement de sa compagnie qui occupait le local de la Mission de France.

Rouault nous marqua sa profonde admiration pour le citoyen Esquiros, qui venait d'ordonner l'expulsion des jésuites et qui seul jusqu'ici, parmi les fonctionnaires du nouvel ordre de choses, suivait carrément les traditions révolutionnaires.

Dans la salle des billards du cercle religieux, autour d'une table étaient assis une vingtaine de gardes civiques, armés jusqu'aux dents, qui jouaient aux cartes et buvaient des liqueurs fines. Le maître d'études y retrouva la fleuriste, qui eût bien voulu, comme la Maillard, se faire porter dans la chapelle pour y représenter la déesse Raison. Rouault, lui, quitta aussitôt la salle des billards et disparut dans un petit vestibule où l'on entendait un grand bruit de voix et de crosses de fusil résonnant sur le parquet.

Dans une petite salle vitrée étaient assis, muets et tremblants, un certain nombre d'ecclésiastiques qu'on avait arrêtés dans la journée et que menaçaient parfois en riant quelques *caï-*

mans [1] placés en sentinelles. Le maître d'études savourait les charmes de ce tableau et n'était pas un des moins ardents à jeter l'épouvante dans le groupe des soutanes. Anacharsis Clootz au petit pied, il se plaisait à leur donner en exemple l'évêque Gobel, et les exhortait à faire adhésion au culte de la déesse Raison. Les civiques riaient et battaient des mains.

Rouault, à qui nous rappelions quelques jours après cette scène pénible, entra dans une exaltation impossible à décrire et se répandit en invectives contre les révolutionnaires de la nouvelle école, qui ne savaient que barboter dans le marais du modérantisme.

Se radoucissant peu à peu, il est vrai, il s'approcha de nous et nous parla à voix basse : « Nous leur avons fait une peur de tous les diables, » nous dit-il, et il s'éloigna en riant comme un gamin.

Le petit café de la place Saint-Ferréol et le café Cardinal, dans la rue de la Darse, étaient devenus les cafés des ultràs. Dans ce dernier

1. C'est ainsi que se désignaient entre eux les farouches de la garde civique.

surtout se donnait rendez-vous chaque soir un groupe de socialistes, d'internationaux et de gardes civiques. Jules Rouault y venait très-souvent, accompagné de Mlle Honorine, qui depuis le 4 septembre avait déserté son atelier de fleuriste et ne rêvait plus que l'émancipation du beau sexe.

A une table placée près du comptoir, péroraient le teinturier Gavard, dans sa tunique à revers rouges, le képi galonné sur l'oreille, l'écharpe entortillée autour du corps, les pantalons dans de larges bottes et un long sabre battant contre les jambes; le citoyen Bastelica, l'orateur du club de l'Alhambra; le doux Poletti, une manière de petit Saint-Just de brasserie; l'hébertiste Allerini, Albert Baume, et d'autres jeunes gens qui, avant la chute de l'Empire, avaient embrassé la cause du prolétariat et adopté les programmes du socialisme nouveau.

Jules Rouault arrivait toujours armé au café et apportait sa fougue habituelle dans les conversations. Il tonnait contre les tièdes, les *endormeurs*, passait les fonctionnaires de Gambetta par les armes de la raillerie la plus amère, et ne cessait d'invoquer des mesures de salut public.

Le soir, au club de l'Alhambra, et plus tard à l'Eldorado, il demandait qu'on envoyât des députations au citoyen Esquiros, et attendait avec rage que l'on se décidât à entrer dans une voie franchement révolutionnaire.

« Nous ne sortirons pas des fadaises et des banalités, » nous disait-il un soir, à l'issue d'une réunion de l'Eldorado.

III

Les événements n'allaient jamais à son gré. Jules Rouault estimait que la révolution nouvelle était une révolution de plaisantins, et que les audacieux de 93 avaient disparu sans laisser de lignée. Paris seul trouvait parfois grâce à ses yeux, et il n'en méprisait qu'avec plus de force les agitateurs ridicules qui se démenaient autour de lui. Le personnel des clubs, cette cohue de haillons, de guenilles, de visages culottés, de têtes truculentes, tourmentées, qui se

pressaient chaque soir au pied des tribunes char-
mait, il est vrai, son regard et ranimait ses espérances. Mais il attendait vainement qu'un
véritable orateur vînt rompre lui-même la digue
qui contenait cette foule menaçante et l'entraî-
nât dans les traditions des grands jours.

Déjà le mot de « Commune révolutionnaire »
circulait dans les groupes et l'idée en était
accueillie avec frénésie par les gardes nationaux
des quartiers populaires et notamment par les
gardes civiques qui, chaque jour, ne craignaient
pas, même dans le cabinet du citoyen Esquiros,
d'accuser hautement Gambetta de mollesse et
d'indécision.

Pas de conciliation! tel était le mot d'ordre
des réunions publiques et le thème habituel sur
lequel les orateurs favoris de la foule brodaient,
tous les soirs, les variations les plus ardentes et
les plus échevelées.

Parmi ceux qui parlaient d'une prise d'armes
immédiate et qui étaient d'avis de planter le
drapeau de la Révolution à l'Hôtel de ville, se
faisait remarquer un petit homme à lunettes,
affreusement maigre, d'une laideur réjouissante.
C'était un poëte, un favori des Muses, qui

après avoir essayé de faire sous l'Empire quelque tapage avec deux ou trois drames en vers et un volume de poésies où l'on trouve des extases et des rêveries de garçon perruquier sentimental, s'était jeté, au 4 septembre, dans le parti extrême.

Jules Rouault, à vrai dire, était loin de rencontrer son idéal dans ce petit homme rabougri, à tournure de sauterelle; de trouver dans cette tête de marron sculpté, dans cet ensemble enfin si bourgeoisement grimaçant, un Étienne Marcel ou un nouveau Chaumette. « Mais un petit corps, se dit-il, peut très-bien loger un grand caractère. »

L'arrivée à Marseille d'un personnage fort connu dans le monde révolutionnaire, du général Cluseret, mit un terme à toutes les hésitations.

Jules Rouault fit une active propagande en sa faveur et voulut voir en lui le Ronsin de la Commune marseillaise.

Le mouvement éclata le lendemain. Jules Rouault et ses amis se réunirent autour du bassin de la place Saint-Michel, les bataillons d'ouvriers s'ébranlèrent, les gardes civiques formèrent l'arrière-garde, et le cortége, en tête duquel marchaient le poëte et les coryphées des clubs, graves, solennels, ceints de l'écharpe traditionnelle, se dirigea par les quais de l'Hôtel de ville, ce jour-là inondés de soleil.

Jules Rouault était radieux, triomphant, au milieu de cette petite armée de révolutionnaires, aux costumes si pittoresques, parmi lesquels éclataient des couleurs si chaudes et si variées.

Il espérait déjà que les bataillons de bourgeois qui gardaient la Mairie tenteraient quelque résistance, et qu'il aurait enfin le spectacle d'une lutte populaire, d'une bataille de rue.

Mais son espoir fut déçu. Les gardes nationaux de l'ordre, n'ayant qu'une médiocre confiance dans l'appui du préfet Esquiros, cédèrent la place, sans protestation aucune.

Jules Rouault ne put s'empêcher de laisser éclater sa colère contre leur couardise, qui venait ainsi de lui enlever ses plus chères émotions et de faire taire pour un instant sa fièvre favorite.

Rouault voulut rester le simple soldat de la Commune, malgré les exhortations du poëte et de Cluseret lui-même.

Dès que la nuit arriva et que le silence se fit aux abords de l'Hôtel de ville, Jules Rouault se plaça en sentinelle dans le voisinage, à l'entrée de la petite place Villeneuve, marchant doucement, l'œil au guet, et se plaisant parfois à faire reluire sa baïonnette sous la blancheur crue des becs de gaz.

« Je protége les délibérations de la Commune », nous dit-il avec une sorte d'orgueil, en nous apercevant sur la place, où nous étions venu étudier ce petit coin révolutionnaire de la ville.

Marseille s'était couchée comme d'habitude. Les rues étaient muettes, et dans le quartier de l'Hôtel de ville, c'est à peine si le silence était troublé de temps en temps par l'arrivée d'un garde national d'Endoume ou de Saint-Lazare, qui, tout en se frottant les yeux, cherchait à se ranger à côté de Rouault. Il en vint, cette nuit, une trentaine, tous éreintés, la plupart déjà courbés par l'âge, écloppés, à barbe grise, coiffés de képis rapiécés, la chemise défaite et laissant voir des poitrines velues.

Cette poignée de vieux grognards de juin ou de 51, armés de fusils rouillés, fumant nonchalamment leurs pipes et échangeant parfois quelques mots à voix basse ; cette silhouette d'insurgé amateur, cette mairie endormie dans l'ombre de la nuit, dont les portes ne s'ouvraient que pour laisser sortir quelque délégué mystérieux du nouveau gouvernement, formaient un tableau des plus curieux et des plus saisissants.

Le matin, au grand désespoir de Jules Rouault, le poëte, craignant un retour offensif de la réaction, grimpa avec sa femme dans un coupé et quitta l'Hôtel de ville pour aller se réfugier à la Préfecture.

« C'est Étienne Marcel, nous dit tristement Rouault, qui file dans une voiture de place. Le peuple est encore une fois sacrifié. J'avais rêvé, continua-t-il avec animation, un mouvement marqué par de grandes choses. Au lieu de tout cela, je viens de donner du nez sur une affiche de la Commune de Marseille réclamant piteusement des havre-sacs aux gardes mobiles de la ville. S'emparer de l'Hôtel de ville, convoquer les faubourgs, passer la nuit l'arme au pied pour en arriver à une si mesquine démonstration, c'est vraiment douloureux. »

Sur ces paroles, Rouault s'en alla à son tour

à la Préfecture, mais ayant presque envie de siffler la pièce dont il venait d'applaudir le prologue avec tant d'ardeur.

Fortifiés dans la Préfecture et sous les ordres de Cluseret, les communalistes marseillais passèrent la nuit suivante dans l'attente, prêts à soutenir le siége.

Jules Rouault avait une secrète admiration pour Cluseret, ce révolutionnaire à visage rude, aux paroles brèves, d'une tournure de soldat, qui après avoir écrit sous l'Empire des critiques d'art dans de petits journaux, après avoir disserté sur des matinées de printemps de Corot, ou des paysages de Daubigny, s'était jeté dans le parti d'action.

Dans un angle de la cour de la Préfecture, le maître d'études et Honorine, qui, croyant à une nuit de combat, était venue le rejoindre, ne cessaient de suivre des yeux le nouveau Ronsin et l'écoutaient avec plaisir prodiguant parmi les défenseurs de la Commune les mots de résistance, de dévouement et d'abnégation.

Parfois la fleuriste, oubliant la politique et toute cette mise en scène insurrectionnelle, se pendait amoureusement au cou du jeune maître

d'études et essayait de lui dérober un baiser ;
mais Rouault, tout entier à ses préoccupations,
la repoussait brusquement.

« C'est bien le moment, lui disait-il en s'ani-
mant par degrés, d'ébaucher des idylles ! Ne
tombons pas, de grâce, dans la pastorale. Nous
sommes ici en pleine révolution, et voilà dans
cette cour le peuple souverain qui n'attend plus
que l'heure de vaincre ou de mourir. Vois tous
ces plébéiens serrés les uns contre les autres,
toutes ces têtes de misérables, ces loqueteux,
ces porteurs de guenilles, ces parias, avec quelle
mâle assurance ils se préparent à écraser les mir-
liflores et les ventrus du 3ᵉ bataillon !

— Vous avez mis le doigt dessus, s'écria un
garde national de banlieue, à la chevelure hérissée, tout débraillé, d'une taille de gladiateur,
qui avait entendu les dernières paroles de
Rouault. Ces gens-là ne sont que des ventrus...
et il faut les aplatir..... Voyez-vous, Cluseret
n'est pas moisi certainement, mais il nous fau-
drait Blanqui..... Ah ! si Blanqui était ici, allez,
il y aurait longtemps que la réaction serait net-
toyée. Mais nous n'avons pas Blanqui..... Moi
qui vous parle, j'ai eu l'honneur de trinquer

avec Blanqui , en 48... Connaissez-vous le citoyen Blanqui ?

— Mais pourtant, essaya de répliquer le maître d'études, il y a des hommes qui ont appris à
marcher sur ses traces.

— Tout ça, voyez-vous... citoyen... ce n'est
plus ça... moi je suis venu... parce que lorsqu'il
faut marcher... je marche... et j'ai toujours marché... mais, vous avez beau dire : nous ferons
comme ça, nous ferons comme ci... rappelez-
vous que sans Blanqui... il n'y a rien à faire... »

Une grande animation, pendant ce dialogue,
régnait dans la Préfecture. De temps en temps
on entendait un bruissement de fusils et on
voyait passer dans la cohue la tête de Cluseret.
Les plus ardents, parmi lesquels Jules Rouault,
conseillaient une sortie. Mais les gardes nationaux de l'ordre, placés en observation au cours
Bonaparte, et les gens de la Préfecture, se bor-
nèrent, des deux côtés, à se tenir sur la défen-
sive. Le matin même, toutes ces belles fureurs
s'éteignirent comme par enchantement, et pour
la première fois peut-être on vit — chose cu-
rieuse — les hommes d'ordre fraterniser avec le
personnel de l'émeute. La réconciliation, en ef-

fet, fut complète et eut lieu même au grand jour, dans les principales rues de la ville.

Rouault, bien qu'ayant perdu de nouveau l'occasion d'assister à une mêlée, d'entendre le bruit de la fusillade, n'était pas fâché au fond de voir les bourgeois défiler bras dessus, bras dessous, avec les révolutionnaires et subir ainsi une sorte d'humiliation. Il exultait, il triomphait. Le défilé, d'ailleurs, fut pour lui un tableau régalant.

Les insurgés, les gardes civiques, sortirent de la Préfecture et se mêlèrent aux gardes nationaux de l'ordre. Ils marchaient les uns à côté des autres, riant, causant familièrement, se livrant même à un certain abandon et oubliant pour le moment leur haine réciproque.

Rien ne fut plus étrangement curieux que cette promenade dans l'intérieur de la ville.

On voyait passer des artilleurs de la garde civique portant des pistolets à la ceinture ; des hommes au teint pâle, à la figure amaigrie, coiffés de débris de casquettes, et le mousqueton sur l'épaule ; des individus habillés de vareuses fanées, des gardes nationaux en bourgerons, des vieillards affublés de défroques de garibaldiens ou de gardes mobiles, des tambours de banlieue tenant la caisse par la bricole, des francs-tireurs dépenaillés, armés de carabines, des patriotes du Racati ou de la porte d'Aix, sans cravates et les pantalons trop courts, levant de temps en temps leurs *flingots* au-dessus de leur tête en signe de réjouissance ; d'anciens internés, d'anciens proscrits, bouclés dans de vieux ceinturons, et, dans le nombre, quelques paletots à collets gras traînant de grands sabres de cavalerie. Parmi tous ces révolutionnaires, on distinguait aussi des gardes nationaux à chemise blanche, rasés de frais, les cheveux bien peignés ; des avocats, des épiciers et des droguistes montrant sous leurs képis neufs des figures bonasses et des barbes finement lustrées.

Ce défilé terminé, Jules Rouault rentra triomphalement chez lui, accompagné de Mlle Honorine, qui l'avait attendu au petit café de la place Saint-Ferréol, se félicitant dans le fond de ce dénoûment pacifique.

Le parfumeur, en le voyant passer, le salua bien bas et lui demanda si tout danger avait disparu.

« La réaction a capitulé, mais elle ne perdra

rien pour attendre... les gardes civiques sont toujours là qui veillent...

— C'est-à-dire que sans **eux**, ajouta le parfumeur avec un certain tremblement dans la voix, notre chère République serait déjà renversée... et d'ailleurs on les calomnie, ces braves gardes civiques... ils ne feraient pas de mal à une mouche... ils ont même du bon... ils rendent des services...

— N'importe, si vous m'en croyez, interrompit Rouault, vous ferez bien de fermer demain votre devanture... Marseille sera en pleine révolution... et il y aura bien des pavés remués... »

Le parfumeur épouvanté rentra précipitamment dans sa boutique et resta toute la journée blotti derrière son comptoir, prêtant l'oreille au moindre bruit qui arrivait de la rue.

« Citoyen... je vous l'avais dit, sans Blanqui, voyez-vous... il n'y a rien à faire... Cluseret n'est qu'une mazette... et puis, entre nous... il doit avoir reçu de l'argent pour ne pas marcher... »

C'était le garde national de banlieue qui, sortant à ce moment d'une *bibine* du quartier, venait de reconnaître Rouault.

Rouault et la fleuriste pressèrent le pas, laissant le prolétaire au milieu de la rue, et regagnèrent leur petite chambre.

IV

Esquiros, l'idole de la foule, la coqueluche des femmes du peuple, l'historien populaire des *Montagnards*, l'apôtre, comme se plaisaient à l'appeler les prolétaires, dut bientôt quitter la Préfecture. Alphonse Gent, un républicain rude, cassant, autoritaire, fut appelé à le remplacer.

Il s'empressa de congédier la garde civique, débarrassa la Préfecture de l'élément turbulent qui s'y était glissé, copia Caussidière, fit de l'ordre avec du désordre, et s'occupa d'activer la formation des légions de mobilisés que réclamait la défense nationale.

La garde civique se désorganisa à ce moment, et la plupart de ses hommes allèrent, en qualité de francs-tireurs, rejoindre dans les Vosges le corps de Garibaldi.

Jules Rouault était loin de s'accommoder de ce nouvel état de choses. Il avait assurément du patriotisme à sa manière et n'eût peut-être pas reculé devant une baïonnette prussienne. Mais c'était à regret qu'il abandonnait ces émotions de la rue, cette atmosphère révolutionnaire de la place publique, ces alertes continuelles, ces tentatives de sédition, ces manifestations armées et ce petit terrorisme que ses amis exerçaient depuis de longs mois dans la cité.

Il dut un jour faire ses adieux à la fleuriste, qui pleura beaucoup et ne voulut le quitter qu'après avoir obtenu la promesse formelle de recevoir une lettre tous les jours. Il partit pour Tarascon dans une légion de mobilisés.

Il ne tarda pas, il est vrai, à se lier avec les mécontents de sa compagnie. Dans cette petite ville monotone, assommante, il continua à rechercher l'agitation, à se créer un milieu de tapageurs et d'opposants. Logé chez un barbier radical, il ne cessait, le soir, au coin du feu, de s'emporter contre les officiers chamarrés de la légion, contre l'organisation de la défense, contre les circulaires de Gambetta. Dans la journée, au *café Pinus*, on tenait des conciliabules, on *blaguait* les prétentions du colonel, on s'élevait contre la défectuosité de l'armement, contre l'ignorance militaire des officiers et on discutait l'utilité du camp des Alpines. Parfois, le barbier radical prenait part à la causerie.

« Il fallait faire, disait-il, la levée en masse, prélever des contributions extraordinaires sur tous les notables, nommer des officiers républicains, écraser la réaction..... alors seulement, on aurait pu refouler l'étranger.

— Le peuple est souverain..... ou il ne l'est pas, ajoutait un mobilisé qui fumait une vieille pipe d'un sou.

— Assurément, le peuple, reprenait le Figaro tarasconnais, serait bien bon garçon d'aller se faire tuer, laissant la réaction derrière lui... Il faut avant tout consolider la République.

— Mais, faisait observer un client du barbier, assis à une table voisine, n'y aurait-il pas à craindre qu'une fois tout ce travail achevé, la France ne fût déjà entièrement conquise et qu'on n'eût plus le temps..... »

Souvent le bruit du tambour venait interrompre ces conversations et les mobilisés étaient obligés de quitter la salle tiède du café pour aller faire l'exercice sur le cours, les pieds dans la neige et le visage fouetté par la bise glaciale qui soufflait du Rhône.

Pendant ce temps, la fleuriste languissait d'ennui et d'amour à Marseille, dans sa petite chambre. Un jour, nous allâmes la voir; elle nous montra une lettre qu'elle venait de recevoir de Rouault.

« Ma chère Honorine, lui écrivait-il, je suis dans le trou le plus bête, le plus affreusement sage que l'on puisse trouver. Tarascon, avec ses petites rues endormies, ses tas de fumier le long des portes, son *cours* triste, assoupi, ses habitants ankylosés, nonchalants, m'irrite au delà de toute expression. Le *café Pinus* lui-même, qui représente la défense nationale à Tarascon, me fait écumer de rage. On y coudoie des officiers qui puent la suffisance, surtout ceux qui n'ont dû d'être nommés qu'en noyant leurs compagnies dans les chopes et dans les glorias. Tous ces porteurs de galons ont la prétention de nous conduire au feu. Ils parlent de discipline et de patriotisme. Ils ont l'audace de vouloir organiser la défense nationale. Figure-toi que l'autre nuit on me fait prendre la garde, et le poste de sentinelle à la porte de l'hôtel où loge le colonel m'échoit pendant deux heures. Le caporal me dit : « Vous avez pour consigne de ne point « laisser entrer les chiens dans le vestibule de « l'hôtel. »

« Comprends-tu çà? avoir pour mission d'éloigner les caniches de la porte d'un hôtel, et cela en pleine invasion, alors que la patrie est en danger!.... La révolution, ma petite Honorine, la révolution seule peut mettre un terme à toute cette comédie..... Avant-hier, la légion a failli se mutiner pour une question de solde. Nous avons été sur le point d'avoir une sédition militaire..... J'étais, tu le comprends, parmi les plus intraitables..... Les officiers, qui ont appris que j'avais fait partie de la garde civique, parlaient de me fusiller...J'ai eu une fière émotion. Mais tout est retombé dans un calme plat..... Décidément, cette existence me paraît dénuée d'intérêt....., et il sera dit que la révolution perdra toute occasion de se montrer, de faire son entrée en scène. »

— J'ai beaucoup connu Rouault au collége, dis-je à la fleuriste en lui rendant la lettre ; j'ai toujours eu une très-vive sympathie pour lui ; je

sais ses qualités, il en a de très-sérieuses et de
très-solides ; mais c'est avec la plus grande tris-
tesse que ses anciens camarades et ses amis l'ont
vu s'engager dans une voie aussi dangereuse.
Rouault, entre nous, est un garçon fin, instruit,
intelligent, qui, s'il le voulait, pourrait conqué-
rir un jour une place brillante dans l'Université.
Il a de plus un cœur droit et généreux; il ne
saurait, par suite, s'attarder plus longtemps
parmi ces politiques de casse-cou, ces révoltés
de barrière.

« On serait mal venu, évidemment, à le taxer
d'ambition. Rouault a refusé jusqu'à la plus mo-
deste fonction; il n'est point haineux ; il n'a pu
encore être aigri par la misère. S'il s'est donc
jeté dans le camp révolutionnaire, je le sais,
c'est par pur amour de l'inconnu, du nouveau,
de l'étrange, du bruit et du pittoresque. Do-
miné, d'un autre côté, par un tempérament
chaud et fougueux, il s'est trouvé amené à rechercher l'agitation, les émotions violentes, et,
finalement, enhardi par des récits de sectaires,
par des pages séditieuses, il a fait cause commune avec tous les exagérés et les désespérés
de la démocratie locale. Mais cette fièvre de

rébellion doit avoir un terme, et vous seule, mademoiselle Honorine, qui connaissez déjà le chemin de son cœur, pouvez faire appel à sa raison et l'arrêter sur cette pente..... »

La fleuriste, qui adorait le maître d'études et avait même pour lui une sorte de culte, pleura à chaudes larmes.

Elle comprenait très-bien que la manie de Rouault était absurde, imprudente et pouvait un jour le perdre.

Depuis le départ du maître d'études pour Tarascon, Mlle Honorine avait d'ailleurs fait bien des réflexions.

La petite *tricoteuse*, la petite révolutionnaire que le garde civique s'était plu à former en elle, s'était sensiblement effacée pour laisser reparaître la gente et rieuse grisette, beaucoup plus amoureuse de fleurs et de rubans que de revendications sociales.

« Vous êtes dans le vrai, me répondit-elle, Jules est un fou ; et quant à moi, je trouve que la politique n'amène que des ennuis..... J'espère, à son retour, être assez heureuse pour lui faire abandonner son dada et le décider à rompre avec tous ces énergumènes.

« — Il vous aime trop, répliquai-je, pour ne pas se ranger à votre avis. »

La légion quitta Tarascon et fut dirigée sur Lyon. Mais là devait se borner toute sa campagne. La paix fut signée et les mobilisés, licenciés, reçurent l'ordre de rentrer chez eux.

Rouault revint fort désappointé de ce brusque dénoûment qui allait peut-être, dans sa pensée, enrayer tout à fait le mouvement révolutionnaire.

V

Marseille avait retrouvé une tranquillité apparente. Le contre-amiral Cosnier occupait la Préfecture, et son administration semblait devoir ruiner les dernières espérances des agitateurs. La garde nationale elle-même était prise d'ennui et de dégoût; les places d'armes avaient perdu leur animation, et on ne rencontrait presque plus de gens armés dans les rues.

La fleuriste profita de cette détente générale pour entreprendre, comme elle l'avait promis, la conversion de Rouault.

Elle redoubla d'empressement et de tendresse auprès de lui ; elle combattit le révolutionnaire avec des câlineries, des risettes d'amoureuse, de petites moues adorables, des colères charmantes.

Parfois, un ancien garde civique, un pilier de réunion publique, un rédacteur de journal avancé venaient demander Rouault.

La fleuriste leur fermait la porte au nez et empêchait ainsi le maître d'études de renouer des amitiés imprudentes.

Elle le surveillait, ne le quittait pas d'un pas, et trouvait enfin mille ruses, mille prétextes pour l'éloigner des centres d'agitation, de ses rendez-vous favoris.

Un dimanche elle l'entraîna hors la ville.

On entrait dans le mois de mars. Le temps était gai, le ciel clair, luisant. Il y avait du soleil dans les chemins.

La grisette, allègre, légère, babillait, sautait, et ses jolis yeux éveillés s'arrêtaient de temps en temps sur Rouault qui, subissant le charme de la jeune fille, oubliait sa folie révolutionnaire et laissait volontiers prendre un nouveau cours à ses idées.

Ils rencontrèrent une petite guinguette égarée sous les arbres. Il n'y avait personne autour des tables. Quelques ouvriers seulement jouaient aux boules dans un enclos voisin et venaient boire par intervalles. Ils se tapirent dans un coin et demandèrent de la bière.

Rouault et la fleuriste étaient en belle humeur. On caressait mille projets couleur de rose. Le maître d'études promettait de se remettre au travail. Mlle Honorine rayonnait, et, son bonnet chiffonné dégringolant sur l'oreille, elle se jetait dans les bras de Rouault qui la mordillait aux joues, dans les fossettes et lui gammait de petits baisers sonores le long du cou. La grisette essayait de se dégager, mais le maître d'études la retenait, et tous deux riaient à se pâmer.

A ce moment, un bourgeois et une vieille dame qui passaient sur la route s'arrêtèrent devant la porte du cabaret et, entendant cette explosion de gaieté et de jeunesse, eurent la curiosité de regarder sous les arbres.

C'étaient le parfumeur et sa femme qui revenaient de la campagne.

« Et dire, fit-il en reconnaissant Rouault, que ce jeune homme qui rit de si bon cœur dans ce joli duo d'amour est un des ennemis les plus implacables de la société, un farouche garde civique !

— Quelle imprudence ! s'écria la femme du parfumeur prise d'épouvante..... un garde civique est là, et nous nous arrêtons..... »

Le parfumeur et la femme disparurent, celle-ci regardant toujours derrière elle, comme si elle avait eu le diable à ses trousses.

Le maître d'études et la fleuriste regagnèrent la ville à la tombée de la nuit. Ils marchaient, la main dans la main, fredonnant de joyeux refrains, s'embrassant à chaque instant, et ne cessant d'échanger de longs regards et de tendres propos.

Rouault semblait enfin transformé et complétement converti à des idées calmes et riantes.

Hélas ! ce petit roman, parfumé de grâce et de poésie, ne devait pas être de longue durée !

Déjà les nouvelles de Paris excitaient un certain bouillonnement dans la ville.

Le maître d'études, malgré toute la vigilance de la grisette, s'en était allé un soir rôder aux abords d'une réunion publique. Il hésita longtemps avant d'entrer; il prit même un instant le parti de s'éloigner, mais, attiré presque malgré lui, il ralentit bientôt le pas et revint pour suivre la foule. Il eut du plaisir à se retrouver dans ces assemblées houleuses et à écouter, comme par le passé, les paroles brûlantes et haineuses des orateurs.

Il sortit de la réunion, allumé de nouveau par la fièvre et en proie à ses anciennes préoccupations.

Un jour, la fleuriste pleura: elle avait trouvé dans le paletot du maître d'études plusieurs exemplaires de journaux parisiens qui annonçaient la grande victoire du peuple...... C'étaient des numéros du *Combat*, du *Cri du Peuple*, de la *Sociale*, contenant le récit de la proclamation de la Commune.

Elle comprit que Rouault était retombé dans ses extravagances.

Dès que la nuit arrivait, il sortait mystérieusement et ne rentrait parfois que le matin.

La grisette grondait, suppliait, sanglotait.

Rouault promettait de rester auprès d'elle, mais recommençait le lendemain.

VI

Un matin on battit le rappel dans toute la ville, sur l'ordre de la Préfecture.

L'Administration, — on le sait aujourd'hui, — voulait connaître les sentiments de la garde nationale et provoquer une éclatante manifestation en faveur du gouvernement.

Malheureusement l'événement donna tort à l'autorité et trompa toutes ses prévisions.

Les bataillons de l'ordre crurent sage de se retirer ou de demeurer sur leurs places d'armes pour prévenir un conflit.

Mais les gardes nationaux des faubourgs et la garde civique, dont les cadres s'étaient facilement reformés, ne voulurent pas laisser échapper cette occasion, et décidèrent de se prononcer publiquement en faveur de l'insurrection parisienne.

Vers les deux heures de l'après-midi, on pouvait voir, — le 28 mars, — sur le cours Belsunce et au Marché aux Fleurs, rangés en bataille et la baïonnette au bout du fusil, toutes les compagnies de la garde civique, les artilleurs, les clubistes, les internationaux, les anciens gardiens de la paix, tout l'ancien personnel enfin de la Préfecture.

Nous aperçûmes dans les rangs Jules Rouault qui, l'air heureux, satisfait, remplissait une vieille giberne de paquets de cartouches.

La manifestation armée eut lieu ; on cria *vive Paris*, et les gardes civiques, encouragés par leur succès, s'emparèrent de nouveau de la Préfecture.

Le préfet fut fait prisonnier, les troupes de la garnison se retirèrent, et Marseille tomba cette fois entièrement au pouvoir des révolutionnaires.

Rouault avait déjà banni toute crainte, toute hésitation.

La fleuriste, d'ailleurs, que le chagrin avait rendue malade, ne se sentait plus le courage ni la force de protester.

Il se montrait dans toutes les rues avec son fusil, courant des réunions publiques à la Préfecture, de la Préfecture à la gare, de la gare à l'Hôtel de ville, partout enfin où le nouveau mouvement avait des partisans et des soldats.

Le parfumeur était redevenu souple et caressant. Il prodiguait les coups de chapeau et les poignées de main au maître d'études, qui, plus que jamais, se faisait un plaisir de lui causer des frayeurs mortelles.

« La Révolution est triomphante, lui disait Rouault ; tout espoir d'échapper à sa terrible colère est perdu pour les réacteurs. A Marseille, les riches boutiquiers vont être frappés de contributions forcées, et tous les suspects, tous les ennemis du peuple impitoyablement recherchés... Fouquier-Tinville a laissé des élèves qui sauront faire leur devoir.

Le parfumeur qui, le soir de cette conversation, s'était couché avec des sueurs froides dans le dos, n'ouvrit pas sa boutique le lendemain ; il sortit de la ville au petit jour et alla se cacher dans sa maison de campagne.

Le drapeau rouge flottait au balcon de la Préfecture ; une commission révolutionnaire délibérait, bavardait, pérorait, légiférait et couvrait les murs de la ville de proclamations et d'arrêtés.

Marseille avait pris une physionomie toute particulière. Certains coins notamment méritaient d'être visités.

Ainsi, la place Saint-Michel, — qui était devenu le mont Aventin marseillais, — présentait un aspect des plus curieux.

On y voyait des zouaves, des lignards, des mobiles, des transfuges de toutes armes, des garibaldiens, des volontaires de Barcelone et de Mostaganem, des patriotes polonais, des francs-tireurs de tous pays, sales, avec des barbes de huit jours, qui se pressaient aux abords de l'Eldorado où des citoyennes avaient installé une sorte de bureau de secours pour les militaires de passage.

Donnait qui voulait en passant devant le club. Sur une petite table était placé un vieux bassin de barbier où tombait de temps en temps de la menue monnaie.

Les soldats qui ne savaient où aller se réfugier pendant la nuit étaient conduits dans la cour de la Préfecture où ils fraternisaient avec les exaltés.

Le soir, la salle dansante de l'Eldorado servait de club.

Les réunions étaient devenues de plus en plus tumultueuses.

Dans une buée épaisse, puant la pipe et le relent, on distinguait de vieilles femmes, des citoyennes à moustaches, des hommes armés, des gardes nationaux en loques, de pâles voyous, des vieillards minables, des visages ravagés par la souffrance, des têtes rébarbatives.

Tout ce monde s'entassait autour de l'estrade où se succédaient de nombreux orateurs.

Un soir, le délégué de la Commune de Paris se présenta à la tribune et parla pendant une heure.

L'auditoire délirait. C'était un débordement d'exaltation et de fureur.

Jules Rouault avait des battements de tempe délicieux. Le cœur lui bondissait dans la poitrine ; il promenait un regard d'illuminé sur cette foule en courroux et, grisé par l'émotion, il chancelait à sa place comme un homme ivre.

Après le discours du délégué, il ne put s'empêcher de sauter sur la tribune.

« Citoyens, s'écria-t-il, le délégué a raison ; nous n'avons plus de temps à perdre, il faut ouvrir les écluses... »

« Vous allez nous mouiller, glapit un vieux
monsieur , réactionnaire facétieux qui s'était
glissé dans la réunion.

— A la porte ! hurlèrent mille voix.

— Les écluses de la Révolution , reprit le
maître d'études, et renverser tous les obstacles. »

Les applaudissements les plus sauvages écla-
tèrent dans toute la salle.

« Il s'agit cette fois, piaula à son tour un socialiste crotté, dont le paletot grinçait des dents
à toutes les coutures, il s'agit pour le peuple de
revendiquer le droit de vivre, qui est, sachez-le
bien, citoyens, le *collollaire* du droit au travail...

— *Corollaire*, imbécile, interrompit le vieux
monsieur.

— A la porte le mouchard ! hurlèrent de
nouveau les habitués de la réunion.

— L'affranchissement, continua le socialiste....

— Il faut le supprimer, cria un garde national
à barbiche blanche et déjà tout voûté.

— Oui, oui! vociférèrent plusieurs hommes
armés qui étaient autour de lui.

— Il s'agit, citoyens, reprit l'orateur, de l'affranchissement des classes laborieuses... pendant
trop longtemps...

— Non, non, çà ne peut plus durer... il faut en finir ! » s'écrièrent une vingtaine de femmes assises au pied de la tribune.

L'orateur essaya vainement de continuer ; les cris, les interpellations, les rappels à l'ordre, les jurons, les réflexions les plus baroques, se croisaient dans toute la salle. C'était un tohu-bohu, un sabbat épouvantable. Le président fut obligé de lever la séance.

Le tapage redoubla, puis la foule se décida à sortir, et pendant plus d'un quart d'heure encore on entendit un grand bourdonnement sous les arbres de la place.

Nos révolutionnaires passaient, en effet, leur temps à bavarder. Rouault enrageait de voir cette inaction ; comme la mouche du coche, il se multipliait, allait, venait, aiguillonnait les uns, excitait les autres et attendait toujours que les chefs du mouvement prissent une décision radicale.

A la Préfecture, on semblait s'endormir dans une complète sécurité.

Aucune mesure militaire, stratégique, n'était prise, et on comptait, comme toujours, sur la défection de l'armée.

Ces pauvres grands hommes de l'émeute étaient même très-embarrassés de leur victoire, et à quelques-uns la Préfecture pesait déjà sur les épaules comme une chape de plomb.

Ils sentaient très-bien qu'ils étaient désapprouvés par les républicains eux-mêmes, et que leur mouvement était coupable et ridicule à la fois.

Marseille était triste, les rues désertes, et l'anxiété régnait partout.

De temps en temps éclatait une affiche blanche sur un mur, passaient quelques gardes civiques en reconnaissance, quelques garibaldiens en goguette, une colonne de grévistes marchant bras dessus, bras dessous, et des gamins portant un chiffon rouge au bout d'un bâton. Parfois aussi on arrêtait un démocrate connu, on faisait des perquisitions chez un suspect et on fouillait les bagages de quelque étranger inoffensif.

Tout cela, au fond, eût prêté à rire, si le dénoûment n'eût pas été tragique.

« Votre essai de Commune, dîmes-nous à Rouault, en le rencontrant un soir dans les parages de la Préfecture, est une méchante farce qui pourrait coûter cher à ses auteurs... Il est temps encore pour vous, mon cher Rouault, d'abandonner cette aventure... »

Nous entrâmes dans un petit café de la rue de Rome pour causer plus tranquillement.

« Vous aviez rêvé, reprîmes-nous, tout résolu à l'attaquer dans ses illusions, vous aviez rêvé des révolutionnaires hardis, intelligents, sur le modèle de ceux de 92 et de 93, et vous n'avez à la tête de votre insurrection que des hommes incapables, sans programme, des fanatiques niais, des montagnards risibles, des parodistes grotesques...

— Mais vous oubliez le peuple, interrompit Rouault avec animation.

— Le peuple n'est pas avec vous dans cette circonstance... et cette poignée d'incorrigibles mécontents ou d'égarés qui campent non loin d'ici, dans la cour de la Préfecture, ne saurait avoir la prétention de le représenter. Ainsi, suivez les avis de vos amis, écoutez les supplications de la fleuriste et retirez-vous. Demain ou après-demain, d'ailleurs, les troupes vont rentrer, il y aura peut-être lutte, et vous pouvez vous exposer...

— Ce sera très-drôle », fit Rouault en se levant brusquement et en riant aux éclats.

Il sortit aussitôt du café, et nous le vîmes disparaître dans la direction de la Préfecture, où avait lieu en ce moment un mouvement extraordinaire.

On venait d'apprendre, en effet, que les troupes devaient arriver le lendemain matin.

La plus grande animation régnait dans la Préfecture ; des estafettes, des clairons, des chemises rouges, des zouaves, entraient et sortaient à chaque instant. Toutes les salles du rez-de-chaussée étaient éclairées. On voyait grouiller, derrière les larges vitres, des képis, des casquettes, des fusils, des sabres-baïonnettes.

On venait de faire un général.

Jules Rouault, ému, radieux, serrait amoureusement sa cartouchière.

Il passa plusieurs heures l'arme au bras sur le trottoir de la Préfecture, s'oubliant à voir briller dans les grands pans de lumière que découpait la lune sur le pavé les canons des fusils, les armes des combattants qui arrivaient de tous côtés.

Vers le milieu de la nuit, Rouault, brisé de fatigue, rentra chez lui pour prendre quelque repos.

La grisette eut des transports de joie. La

santé semblait lui être revenue comme par enchantement.

« Tu ne sortiras plus, n'est-ce pas ? » lui
disait-elle de sa voix la plus douce, la plus
câline, la plus caressante.

Rouault, qui avait déposé son fusil dans un
coin de la chambre et qui s'était déjà couché
tout habillé sur son lit, prêta tout à coup l'o-
reille, et fit signe à la fleuriste de se taire.

C'était, dans le lointain, un tambour qui battait le rappel. Il s'arrêtait par intervalles, puis
reprenait de plus belle..... On entendait égale-
ment un bruit de cloches que l'on secouait en
désespéré.....

Rouault ouvrit la fenêtre. La rue était noire
et silencieuse. Il ne tarda pas à démêler un
autre bruit que la brise de la nuit apportait du
fond de la rue.

On eût dit un tintement monotone, régulier,
de clochettes, quelque chose comme le bruit
confus d'un troupeau qui arrive.

C'étaient les soldats qui rentraient, faisant
claquer sur le dos leurs bidons et leurs ga-
melles.

Rouault saisit son fusil et ouvrit la porte.

La fleuriste se traîna à ses genoux, s'accrocha à lui, se pendit à son cou, à ses bras, à son habit.....

« Laisse-moi, s'écria-t-il, en repoussant la grisette avec force, il faut que j'aille voir ce qui se passe. »

Rouault sortit armé de son fusil et gagna la Préfecture au pas de course.

L'aube se levait à ce moment; les rues blanchissaient; des clartés rampaient sur la chaussée.

On battait le rappel dans tout le quartier. Des gardes nationaux de banlieue débouchaient sur la place. On faisait des distributions de cartouches. On plaçait des sentinelles. On courait, on criait, on s'appelait et dans le voisinage quelques boutiquiers entre-bâillaient leurs portes.

Rouault, remué, troublé, avait des ravissements sans fin, des frissons, des tremblements aimés, et se perdait avec plaisir dans cette foule inquiète et sombre de gens armés.

Il demeura toute la matinée dans la Préfecture, admirant ces émeutiers noirs de poudre, grelottant la fièvre, hébétés par les veilles, qui venaient d'engager une vive escarmouche avec la troupe.

Dans l'après-midi, la bataille devint terrible. La fusillade faisait rage autour de la Préfecture. C'était un lugubre dialogue qui s'établissait entre les soldats de l'ordre et les anarchistes.

Une barricade avait été ébauchée dans la rue de Rome. Derrière le talus formé par les pavés, des hommes débraillés tiraillaient.

Deux fois, Rouault vint s'y montrer. On voyait paraître au-dessus de la barricade une tête réjouie, tranquille, tout émerveillée, c'était celle du maître d'études.

Les balles sifflaient autour de lui ; il lui prenait des gaietés et des curiosités d'enfant ; il s'arrêtait pour regarder les écaillures que faisaient les projectiles sur les murs et pour voir passer la barbe hérissée d'un insurgé.

Ce rudiment de barricade, ces coups de feu partant des fenêtres, ces façades écornées par les obus, ces jalousies éventrées, ces tuyaux de gaz bossués, ces branches d'arbres cassées, ces mines rébarbatives, ces uniformes de hasard, ces costumes déchirés et tous ces canons de fusil braqués au coin des rues, derrière des saillies d'architecture, étaient pour lui un paysage de guerre civile des plus séduisants.

Il traversa, à un moment donné, la place de la Préfecture, descendit la place Saint-Ferréol et s'engagea dans la rue Grignan que balayaient les gardes nationaux de l'ordre, postés aux abords du Palais de justice.

La rue était déserte, les persiennes hermétiquement fermées.

Cette solitude l'irrita..... Il se coula le long des murs jusqu'au milieu de la rue, et là, tout heureux de prêter un petit air de révolte à ce coin de la ville, il laissa reluire le bout de son fusil.....

Une balle siffla au même instant et il tomba sur le dos, sans pousser un cri, sans faire un mouvement.

Quand on releva son cadavre, un sourire inachevé courait encore sur ses lèvres.

C'était le parfumeur qui, sans s'en douter, venait d'atteindre et de tuer le jeune maître d'études.

Rentré à Marseille avec les troupes, il avait pris son fusil de garde national et s'était joint au bataillon du Palais de justice.

Exaspéré par toutes les peurs qu'il avait eues depuis plusieurs mois, par toutes les sottises

qu'il avait entendu débiter, par toutes les prétentions, tous les entêtements, toutes les tentatives coupables des émeutiers, il se montrait fé-
roce et tirait impitoyablement sur tout individu
armé qui passait à sa portée.

En apprenant le lendemain de la bouche de
la fleuriste la mort de Jules Rouault, il eut ce-
pendant un mot touchant.

« Ce jeune homme, dit-il, n'était pas des
plus mauvais ni des plus dangereux… sans lui, au
contraire, bien souvent ma pauvre devanture…

— Rouault, dit la grisette en sanglotant,
avait un excellent cœur… mais çà l'amusait,
Jules, d'être garde civique…

— C'est un jeu dangereux, reprit gravement
le parfumeur, et, dans tous les cas, mademoiselle
Honorine, c'est, comme vous le voyez, une
fantaisie dont on meurt quelquefois. »

La grisette, navrée de douleur, rentra aussitôt chez elle. En cherchant dans un tiroir les
papiers et les lettres de Rouault, elle rencontra
son traité des *Barricades*.

Elle le jeta au feu avec colère et pleura toute
la journée, enfermée dans sa petite chambre.

Le dimanche qui suivit, elle s'en alla hors la

ville, avec sa robe claire et son petit bonnet en-rubanné. C'était un charmant dimanche d'avril. Il y avait du soleil par les chemins et les bosquets étaient empanachés de belles fleurs nouvelles.

Elle entra dans une petite guinguette cachée sous les arbres. Elle demanda de la bière et accoudée sur le bord d'une table, seule, triste, devant son verre, elle se rappela ce dimanche d'amour et de gaieté qui, le mois précédent, les avait vus réunis à cette même place ; elle se souvint de la joie de Rouault, de ses longs éclats de rire, de ses regards charmés et amou-reux.

Elle sortit sans vider son verre. Son joli vi-sage était baigné de larmes.

PARIS

IMPRIMERIE DE D. JOUAUST

Rue Saint-Honoré, 338